Alfred
de Musset

Les Caprices
de Marianne

Personnages

CLAUDIO : podestat.
OCTAVE.
CÉLIO.
TIBIA : valet de Claudio.
PIPPO : valet de Célio.
MALVOLIO : intendant d'Hermia.
UN GARÇON D'AUBERGE.
DOMESTIQUE DE MARIANNE.
DOMESTIQUES D'HERMIA.
DEUX SPADASSINS.
MARIANNE : femme de Claudio.
HERMIA : mère de Célio.

La scène est à Naples.

(Costumes italiens du temps de François Ier.)

Les indications sont prises du public. Le premier personnage inscrit occupe le n° 1, à la gauche du spectateur, et ainsi des autres. Ces indications sont données pour éviter la confusion dans les entrées et les sorties, dans le cas où la pièce serait jouée ailleurs qu'à la Comédie Française.

Acte premier

Le théâtre représente une place publique. À droite, au premier plan, une grille de jardin, attenant à une maison dont la porte d'entrée est près de la grille. Un balcon en saillie est au premier étage, entre la porte et le tournant de la maison ; une jalousie et un rideau masquent la fenêtre. À gauche, au premier plan, une auberge avec une tonnelle au-devant, sous laquelle se trouvent une table et un banc.

Scène première

Célio, Pippo.

(Ils entrent par la droite, du plan au-dessus de la maison.)

CÉLIO

Eh bien, Pippo, tu viens de voir Marianne ?

PIPPO

Oui, monsieur.

CÉLIO

Que t'a-t-elle dit ?

PIPPO

Plus dévote et plus orgueilleuse que jamais. Elle instruira son mari, dit-elle, si on la poursuit plus longtemps.

CÉLIO

Ah ! malheureux que je suis ! je n'ai plus qu'à mourir ! Ah ! la plus cruelle de toutes les femmes !... Et que me conseilles-tu, Pippo ? quelle ressource puis-je encore trouver ?

PIPPO

Je vous conseille d'abord de ne pas rester là, car voici son mari qui vient de ce côté.

(Ils retirent dans le fond, du côté de la maison.)

Scène II

Claudio et Tibia entrent par la grille ; Claudio est en longue robe rouge ; Tibia le suit en portant la queue de sa robe.

CLAUDIO

Es-tu mon fidèle serviteur, mon valet de chambre dévoué ? Apprends que j'ai à me venger d'un outrage.

TIBIA

Vous, monsieur ?

CLAUDIO

Moi-même, puisque ces impudentes guitares ne cessent de murmurer sous les fenêtres de ma femme. Mais patience ! tout n'est pas fini.
(Il aperçoit Célio et Pippo dans le fond et va à l'extrême gauche.)
Écoute un peu de ce côté-ci ; voilà du monde qui pourrait nous entendre. Tu m'iras chercher ce soir le spadassin que je t'ai dit.

TIBIA

Pourquoi faire ?

CLAUDIO

Je crois que Marianne a des amants.

TIBIA

Vous croyez, monsieur ?

CLAUDIO

Oui, il y a autour de ma maison une odeur d'amants. Personne ne passe naturellement devant ma porte ; il y pleut des guitares et des messages secrets.

TIBIA

Est-ce que vous pouvez empêcher qu'on ne donne des sérénades à votre femme ?

CLAUDIO

Non ; mais je puis poster un homme derrière la grille et me débarrasser du premier qui entrera.

3

TIBIA

Fi ! votre femme n'a pas d'amants… C'est comme si vous disiez que j'ai des maîtresses.

CLAUDIO

Pourquoi n'en aurais-tu pas, Tibia ? Tu es fort laid, mais tu as beaucoup d'esprit.

TIBIA

J'en conviens, j'en conviens.

CLAUDIO

Regarde, Tibia, tu en conviens toi-même ; il n'en faut plus douter et mon déshonneur est public.

TIBIA

Pourquoi public ?

CLAUDIO

Je te dis qu'il est public.

TIBIA

Mais, monsieur, votre femme passe pour un dragon de vertu dans toute la ville. Elle ne voit personne, elle ne sort de chez elle une pour aller à la messe.

CLAUDIO

Laisse-moi faire ; je ne me sens pas de colère. Après tous les cadeaux qu'elle a reçus de moi !… Oui, Tibia, je machine en ce moment une épouvantable trame, et me sens prêt à mourir de douleur.

TIBIA

Oh ! que non !

CLAUDIO

Quand je te dis quelque chose, tu me ferais plaisir de le croire.

(Ils sortent par le fond, à gauche.)

Scène III

Célio, seul, rentrant par le fond, à droite.

Malheur à celui qui, au milieu de la jeunesse, s'abandonne à un amour sans espoir !... Malheur à celui qui se livre à une douce rêverie avant de savoir où sa chimère le mène et s'il peut être payé de retour ! Mollement couché dans une barque, il s'éloigne peu à peu de la rive ; il aperçoit au loin des plaines enchantées, de vertes prairies, et le mirage léger de son Eldorado ; les flots l'entraînent en silence, et quand la réalité le réveille, il est aussi loin du but où il aspire que du rivage qu'il a quitté : il ne peut plus ni poursuivre sa route, ni revenir sur ses pas.

(On entend un bruit d'instrument.)

Quelle cette mascarade ? N'est-ce pas Octave que j'aperçois ?

Scène IV

Célio, Octave.

(Octave entre du fond à droite ; il a par-dessus son habit un long domino tout ouvert, un loup sur le visage et une batte d'Arlequin à la main.)

OCTAVE, *s'adressant aux gens de*
la mascarade, qu'on ne voit pas.

Assez, mes amis, retournez au logis ; assez raclé pour aujourd'hui.
(Descendant la scène et ôtant son loup ; à CÉLIO)
Comment se porte, mon bon monsieur, cette gracieuse mélancolie ?

CÉLIO

Octave, ô fou que tu es ! tu as un pied de rouge sur les joues ! D'où te vient cet accoutrement ? N'as-tu pas de honte, en plein jour ?

OCTAVE

Ô Célio ! fou que tu es ! tu as un pied de blanc sur les joues ! D'où te vient ce large habit noir ? N'as-tu pas de honte, en plein carnaval ?

CÉLIO

J'allais chez toi.

OCTAVE

Et moi aussi j'allais chez moi. Comment se porte ma maison ? Il y a huit jours que je ne l'ai vue.

CÉLIO

J'ai un service à te demander.

OCTAVE

Parle, Célio, mon cher enfant. Veux-tu de l'argent ? je n'en ai plus. Veux-tu mon épée ? voilà batte d'Arlequin. Parle, parle, dispose de moi.

CÉLIO

Combien de temps cela durera-t-il ?... Huit jours hors de chez toi !... Tu te tueras OCTAVE

6

OCTAVE

Jamais de ma propre main, mon ami, jamais j'aimerais mieux mourir que d'attenter à mes jours.

CÉLIO

Et n'est-ce pas un suicide comme un autre, cette vie que tu mènes ?

OCTAVE

Figure-toi un danseur de corde, en brodequins d'argent, le balancier au poing, suspendu entre le ciel et la terre ; à droite et à gauche, de vieilles petites figures racornies, de maigres et pâles fantômes, des créanciers agiles, des parents et des courtisanes, toute une légion de monstres se suspendent à son manteau et le tiraillent de tous côtés pour lui faire perdre l'équilibre. Des phrases redondantes, de grands mots enchâssés cavalcadent autour de lui ; une nuée de prédictions sinistres l'aveugle de ses ailes noires. Il continue sa course légère de l'Orient à l'Occident. S'il regarde en bas, la tête lui tourne ; s'il regarde en haut, le pied lui manque. Il va plus vite que le vent, et toutes les mains tendues autour de lui ne lui feront pas renverser une goutte de la coupe joyeuse qu'il porte à la sienne. Voilà ma vie, mon cher ami ; c'est ma fidèle image que tu vois.

(Il jette sur la table sa batte et son loup.)

CÉLIO

Que tu es heureux d'être fou !

OCTAVE

Que tu es fou de ne pas être heureux ! Dis-moi un peu, toi, qu'est-ce qui te manque ?

CÉLIO

Il me manque le repos, la douce insouciance qui fait de la vie un miroir où tous les objets se peignent un instant et sur lequel tout glisse. Une dette, pour moi, est un remords. L'amour, dont vous autres faites un passe-temps, trouble ma vie entière. Ô mon ami, tu ignoreras toujours ce que c'est qu'aimer comme moi ! Mon cabinet d'étude est désert ; depuis un mois j'erre autour de cette maison la nuit et le jour. Quel charme j'éprouve, au lever de la lune, à conduire sous ces petits arbres, au fond de cette place, mon chœur modeste de musiciens, à marquer moi-même la mesure, à les entendre chanter la beauté de Marianne ! Jamais elle n'a paru à sa fenêtre, jamais elle n'est venue appuyer son front charmant sur sa jalousie.

OCTAVE

Oui est cette Marianne ? Est-ce que c'est ma cousine ?

CÉLIO

C'est elle-même ; la femme du vieux Claudio.

OCTAVE

Je ne l'ai jamais vue ; mais à coup sûr elle est ma cousine. Claudio est fait exprès. Confie-moi tes intérêts, Célio.

CÉLIO

Tous les moyens que j'ai tentés pour lui faire connaître mon amour ont été inutiles. Elle sort du couvent, elle aime son mari et respecte ses devoirs ; sa porte est fermée à tous les jeunes gens de la ville, et personne ne peut l'approcher.

OCTAVE

Ouais !… Est-elle jolie ?… Sot que je suis ! Tu l'aimes, cela n'importe guère. Que pourrions-nous imaginer ?

CÉLIO

Faut-il te parler franchement ? Ne te riras-tu pas de moi ?

OCTAVE

Laisse-moi rire de toi, et parle franchement.

CÉLIO

En ta qualité de parent, tu dois être reçu dans la maison ?

OCTAVE

Suis-je reçu ? je n'en sais rien. Admettons que je suis reçu. À te dire vrai, dans mon illustre famille nous ne formons pas un faisceau bien serré, et nous ne tenons guère les uns aux autres que par écrit. Cependant Marianne connaît mon nom. Faut-il lui parler en ta faveur ?

CÉLIO

Vingt fois l'ai tenté de l'aborder ; vingt fois j'ai senti mes genoux fléchir en approchant d'elle. Quand je la vois, ma gorge se serre et j'étouffe, comme si mon cœur se soulevait jusqu'à mes lèvres.

OCTAVE

J'ai éprouvé cela. C'est ainsi qu'au fond des forêts, lorsqu'une biche avance à petits pas sur les feuilles sèches, et que le chasseur entend les bruyères glisser sur ses flancs inquiets, comme le frôlement d'une robe légère, les battements de cœur le prennent malgré lui ; il soulève son arme en silence, sans faire un pas, sans respirer.

CÉLIO

Pourquoi donc suis-je ainsi ? pourquoi ne saurais-je aimer cette femme comme toi, Octave, tu l'aimerais, ou comme j'en aimerais une autre ? Pourquoi ce qui te rendrait joyeux et empressé, ce qui t'attirerait, toi, comme l'aiguille aimantée attire le fer, me rend-il triste et immobile ? Qui pourrait dire ceci est gai ou triste ? La réalité n'est qu'une ombre. Appelle imagination ou folie ce qui la divinise. Alors la folie est la beauté elle-même. Chaque homme marche enveloppé d'un réseau transparent qui le couvre de la tête aux pieds il croit voir des bois et des fleuves, des visages divins, et l'universelle nature se teint sous ses regards des nuances infinies du tissu magique.
Octave ! Octave ! viens à mon secours !

OCTAVE

J'aime ton amour, Célio ! il divague dans ta cervelle comme un flacon syracusain. Donne-moi la main, je viens à ton secours ; attends un peu. L'air me frappe au visage et les idées me reviennent. Je connais cette Marianne : elle me déteste fort, sans m'avoir jamais vu. C'est une mince poupée qui ne fait rien qu'à sa guise, un véritable enfant gâté.

CÉLIO

Fais ce que tu voudras, mais ne me trompe pas, je t'en conjure. Il est aisé de me tromper ; je ne sais pas me défier d'une action que je ne voudrais pas faire moi-même.

OCTAVE

Si tu escaladais les murs ?

CÉLIO

À quoi bon, si elle ne m'aime pas ?

OCTAVE

Si tu lui écrivais ?

CÉLIO

Elle déchire mes lettres ou me les renvoie.

OCTAVE

Si tu en aimais une autre ?

CÉLIO

Le souffle de ma vie est à Marianne ; elle peut d'un seul mot de ses lèvres l'anéantir ou l'embraser. Vivre pour une autre me serait plus difficile que de mourir pour elle.

(Regardant du côté du jardin.)

Silence ! la voici qui sort.

OCTAVE

Retire-toi, je vais l'aborder.

CÉLIO

Y penses-tu ? dans l'équipage où te voilà ! Essuie-toi le visage ; tu as l'air d'un fou.

OCTAVE, *ôtant son domino et le posant sur la table.*

Voilà qui est fait… La folie et moi, mon cher Célio, nous nous sommes trop chers l'un à l'autre pour nous jamais disputer elle fait mes volontés comme je fais les siennes. N'aie aucune crainte là-dessus ; c'est le fait d'un étudiant en vacances, qui valse un jour de grand dîner, de perdre la tête et de chercher sa raison ; moi, je n'ai de raison que ma fantaisie ; ma façon de penser est de me laisser faire, et je parlerais au roi, en ce moment, comme je vais parler à ta belle.

CÉLIO

Je ne sais ce que j'éprouve… Non, ne lui parle pas.

OCTAVE

Pourquoi ?

CÉLIO

Je ne puis dire pourquoi ; il me semble… que tu vas me tromper.

OCTAVE

Touche là. Depuis que je suis au monde, je n'ai encore trompé personne, et je ne commencerai pas par mon meilleur ami.

(Célio sort par le fond, à gauche.)

Scène V

Octave, Marianne, venant du jardin.

(Octave va au-devant de Marianne et la salue.)

OCTAVE

Ne vous détournez pas, princesse de beauté ! Laissez tomber un de vos regards sur le plus humble de vos serviteurs.

MARIANNE

Qui êtes-vous ?

OCTAVE

Mon nom est Octave ; je suis cousin de votre mari.

MARIANNE

Venez-vous pour le voir ? entrez au logis ; il va revenir.

OCTAVE

Je ne viens pas pour le voir et n'entrerai point au logis, de peur que vous ne m'en chassiez tout à l'heure, quand je vous aurai dit ce qui m'amène.

MARIANNE

Dispensez-vous donc de me le dire et de m'arrêter plus longtemps.

OCTAVE

Je ne saurais m'en dispenser, et vous supplie de vous arrêter pour l'entendre. Cruelle Marianne ! vos yeux ont causé bien du mal, et vos paroles ne sont pas faites pour le guérir. Que vous avait fait Célio ?

MARIANNE

De qui parlez-vous et quel mal ai-je causé ?

OCTAVE

Un mal le plus cruel de tous, car c'est un mal sans espérance ; le plus terrible, car c'est un mal qui se chérit lui-même et repousse la coupe salutaire jusque dans la main de l'amitié ; un mal qui fait pâlir les lèvres sous des poisons plus doux que l'ambroisie, et qui fond en une pluie de larmes le cœur le plus dur, comme la perle de Cléopâtre ; un mal que tous les aromates, toute la science humaine ne sauraient soulager, et qui se nourrit du vent qui passe, du parfum d'une rose fanée, du refrain d'une chanson, et qui puise l'éternel aliment de ses souffrances dans tout ce qui l'entoure, comme une abeille son miel dans tous les buissons d'un jardin.

MARIANNE

Me direz-vous le nom de ce mal ?

OCTAVE

Que celui qui est digne de le prononcer vous le dise ! Que les rêves de vos nuits, que vos orangers verts, que le printemps vous l'apprennent ! Que vous puissiez le chercher un beau soir, vous le trouverez sur vos lèvres !... son nom n'existe pas sans lui.

MARIANNE

Est-il si dangereux à dire, si terrible dans sa contagion, qu'il effraye une langue qui plaide en sa faveur ?

OCTAVE

Est-il si doux à entendre, cousine, que vous le demandiez ? Vous l'avez appris à CÉLIO

MARIANNE

C'est donc sans le vouloir ; je ne connais ni l'un ni l'autre.

OCTAVE

Que vous les connaissiez ensemble et que vous ne les sépariez jamais, voilà le souhait de mon cœur.

MARIANNE

En vérité ?

OCTAVE

Célio est le meilleur de mes amis ; si je voulais vous faire envie, je vous dirais qu'il est beau comme le jour, jeune, noble, et je ne mentirais pas ; mais je ne veux que vous faire pitié, et je vous dirai qu'il est triste comme la mort depuis le jour où il vous a vue.

MARIANNE

Est-ce ma faute s'il est triste ?

OCTAVE

Est-ce sa faute si vous êtes belle ? Il ne pense qu'à vous ; à toute heure il rôde autour de cette maison. N'avez-vous jamais entendu chanter sous vos fenêtres ? n'avez-vous jamais soulevé à minuit cette jalousie et ce rideau ?

MARIANNE

Tout le monde peut chanter le soir, et cette place appartient à tout le monde.

OCTAVE

Tout le monde aussi peut vous aimer, mais personne ne peut vous le dire. Quel âge avez-vous, Marianne ?

MARIANNE

Voilà une jolie question ! Et si je n'avais dix-huit ans, que voudriez-vous que j'en pense ?

OCTAVE

Vous avez donc encore cinq ou six ans pour être aimée, huit ou dix pour aimer vous-même, et le reste pour prier Dieu.

MARIANNE

Vraiment ? Eh bien, pour mettre le temps à profit, j'aime Claudio, votre cousin et mon mari.

OCTAVE

Mon cousin et votre mari ne feront jamais à eux deux qu'un pédant de village. Vous n'aimez point Claudio

MARIANNE

Ni Célio ; vous pouvez le lui dire.

OCTAVE

Pourquoi ?

MARIANNE

Me direz-vous aussi pourquoi je vous écoute ?... Adieu, seigneur Octave ; voilà une plaisanterie qui a duré assez longtemps.

(Elle sort par la gauche.)

13

Scène VI

Octave, seul.

Ma foi ! ma foi ! elle a de beaux yeux.
(Voyant entrer Claudio par le fond, à droite, et prenant domino et sa batte sur la table, puis passant à l'extrême droite.)
Ah ! voici Claudio. Ce n'est pas tout à fait la même chose, et je ne me soucie guère de continuer la conversation avec lui.

Scène VII

Tibia, Claudio, Octave.

CLAUDIO, *en entrant, à Tibia.*

Tu as raison…

OCTAVE, *à Claudio.*

Bonsoir, cousin.

CLAUDIO

(À Tibia.)
Tu as raison…

OCTAVE

Cousin, bonsoir.

(Il sort à droite.)

CLAUDIO

Bonsoir, bonsoir.

Scène VIII

Tibia, Claudio.

CLAUDIO

Tu as raison, et ma femme est un trésor de pureté. Que te dirai-je de plus ? c'est une vertu solide

TIBIA

Vous croyez, monsieur ?

CLAUDIO

Peut-elle empêcher qu'on ne chante sous ses croisées ? Les signes d'impatience qu'elle peut donner dans son intérieur sont les suites de son caractère. As-tu remarqué que sa mère, lorsque j'ai touché cette corde, a été tout d'un coup du même avis que moi ?

TIBIA

Relativement à quoi ?

CLAUDIO

Relativement à ce qu'on chante sous ses croisées.

TIBIA

Chanter n'est pas un mal ; je fredonne moi-même à tout moment.

CLAUDIO

Mais bien chanter est difficile.

TIBIA

Difficile pour vous et pour moi qui, n'ayant pas reçu de voix de la nature, ne l'avons jamais cultivée ; mais voyez comme ces acteurs de théâtre s'en tirent habilement.

CLAUDIO

Ces gens-là passent leur vie sur les planches.

TIBIA

Combien croyez-vous qu'on puisse donner par an…

CLAUDIO

À qui ? à un conseiller ?

TIBIA

Non, à un chanteur.

CLAUDIO

Je n'en sais rien… On donne à un conseiller le tiers de ce que vaut ma charge les archiconseillers ont le double.

TIBIA

Si j'étais podestat chez nous, que je fusse marié et que ma femme eût des amants, je les condamnerais moi-même.

CLAUDIO

À combien d'années de galères ?

TIBIA

À la peine de mort… Une sentence de mort est une chose superbe à lire à haute voix.

CLAUDIO

Ce n'est pas le podestat qui la lit ; c'est le greffier.

TIBIA

Le greffier de votre tribunal a une jolie femme.

CLAUDIO

Non ; c'est le président qui a une jolie femme. J'ai soupé hier avec eux.

TIBIA

Le greffier aussi ! Le spadassin qui va venir ce soir est l'amant de la femme du greffier.

CLAUDIO

Quel spadassin ?

TIBIA

Celui que vous avez demandé.

CLAUDIO

Il est inutile qu'il vienne, après ce que je t'ai dit tout à l'heure.

TIBIA

À quel sujet ?

CLAUDIO

Au sujet de ma femme.

TIBIA

La voici qui vient elle-même.

Scène IX

Tibia, Marianne, Claudio.

MARIANNE, *qui est entrée par la gauche.*

Savez-vous ce qui m'arrive pendant que vous courez les champs ? J'ai reçu la visite de votre cousin.

CLAUDIO

Qui cela peut-il être ? Nommez-le par son nom.

MARIANNE

Octave, qui m'a fait une déclaration d'amour de la part de son ami Célio. Qui est ce Célio ? Connaissez-vous cet homme ? Trouvez bon que ni lui ni Octave ne mettent les pieds dans notre maison.

Elle devant Claudio et se dirige vers le jardin.

CLAUDIO

Je le connais ; c'est le fils d'Hermia, notre voisine. Qu'avez-vous répondu à cela ?

MARIANNE

Il ne s'agit pas de ce que j'ai répondu. Comprenez-vous ce que je dis ? Donnez ordre à vos gens qu'ils ne laissent entrer ni cet homme ni son ami. Je m'attends à quelque importunité de leur part, et je suis bien aise de l'éviter.

(Elle sort par le jardin.)

Scène X

Tibia, Claudio.

CLAUDIO

Que penses-tu de cette aventure, Tibia ? Il y a quelque ruse là-dessous.

TIBIA

Vous croyez, monsieur ?

CLAUDIO

Pourquoi n'a-t-elle pas voulu dire ce qu'elle a répondu ? La déclaration est impertinente, il est vrai, mais la réponse méritait d'être connue. J'ai le soupçon que ce fils d'Hermia est l'ordonnateur de toutes ces guitares.

TIBIA

Défendre votre porte à ces deux hommes est un moyen excellent de les éloigner.

CLAUDIO

Rapporte-t'en à moi. – Il faut que je fasse part de cette découverte à ma belle-mère.

TIBIA, *regardant à gauche.*

Monsieur, la voici justement.

CLAUDIO

Qui ? ma belle-mère ?

TIBIA

Non, Hermia notre voisine. Ne parliez-vous pas d'elle tout à l'heure ?

CLAUDIO

Oui, comme étant la mère de ce Célio, et c'est la vérité, Tibia.

TIBIA

Eh bien ! monsieur, elle vient de ce côté avec un, deux et trois laquais ; c'est une femme respectable

CLAUDIO

Oui, ses biens sont considérables.

TIBIA

J'entends aussi qu'elle a de bonnes mœurs. Si vous l'abordiez, monsieur ?

CLAUDIO

Y penses-tu ? La mère d'un jeune homme que je serai peut-être obligé de faire poignarder ce soir même ! Sa propre mère, Tibia ! Fi donc ! je ne reconnais pas là ton habitude des convenances. Viens, Tibia, rentrons au logis.

(Il sort par le jardin, Tibia le suit, en lui portant toujours la queue de sa robe.)

Scène XI

Malvolio, Hermia, deux valets.

*(Hermia entre par la gauche, suivie de
Malvolio et de deux Valets qui restent au fond.)*

HERMIA

A-t-on fait ce que j'ai ordonné ? A-t-on dit aux musiciens de venir ?

MALVOLIO

Oui, madame, ils seront ce soir à vos ordres, ou pour mieux parler…

HERMIA

Qu'est-ce à dire ? A-t-on tout préparé comme je l'ai dit pour le souper ?
Vous direz à mon fils que je regrette de ne pas l'avoir vu. – À quelle heure
est-il donc sorti ?

MALVOLIO

Pour être sorti, il faudrait d'abord qu'il fût rentré. Il a passé la nuit dehors.

HERMIA

Vous ne savez ce que vous dites. – Il a soupé hier avec moi, et m'a ramenée
à la maison. A-t-on fait porter dans le cabinet d'étude le tableau que j'ai
acheté ce matin ?

MALVOLIO

Du vivant de son père, il n'en aurait pas été ainsi.

HERMIA

Mais du vivant de sa mère, il en est ainsi, Malvolio. Qui vous a chargé
de veiller sur sa conduite ? Songez-y : que Célio ne rencontre pas sur son
passage un visage de mauvais augure ; qu'il ne vous entende pas gronder
ainsi entre vos dents, ou par le ciel ! pas un de vous ne passera la nuit sous
son toit.

MALVOLIO

Je ne gronde pas, ma figure n'est pas un mauvais présage. Vous me
demandez à quelle heure est sorti mon maître, et je vous réponds qu'il n'est
pas rentré. Depuis qu'il a l'amour en tête, on ne le voit pas quatre fois la
semaine.

HERMIA

Pourquoi les livres de Célio sont-ils couverts de poussière ? Pourquoi ses meubles sont-ils en désordre ? Pourquoi faut-il que je mette la main à tout dans la maison de mon fils, si je veux obtenir quelque chose ? Il vous appartient bien de lever les yeux sur ce qui ne vous regarde pas, lorsque votre ouvrage est à moitié fait, et que les soins dont on vous charge retombent sur les autres. Allez, et retenez votre langue.

(Malvolio et les deux Valets sortent par la gauche. Hermia va pour sortir par le fond, à droite, lorsque Célio entre de ce côté ; il prend la main d'Hermia et la baise.)

Scène XII

Hermia, Célio.

HERMIA

Eh bien, mon cher enfant, quels seront vos plaisirs aujourd'hui ?

CÉLIO

Les vôtres, ma mère.

HERMIA, *lui prenant le bras et*
promenant avec lui sur le devant à gauche.

Eh quoi ! les plaisirs communs, et non les peines communes ? C'est un partage injuste, Célio. Ayez des secrets pour moi, mon enfant, mais non pas de ceux qui vous rongent le cœur, et vous rendent insensible à tout ce qui vous entoure.

CÉLIO

Je n'ai point de secret, et plût à Dieu, si j'en avais, qu'ils fussent de nature à faire de moi une statue !

HERMIA

Quand vous aviez dix ou douze ans, toutes vos peines, tous vos petits chagrins se rattachaient à moi ; d'un regard sévère ou indulgent de ces yeux que voilà, dépendait la tristesse ou la joie des vôtres, et votre petite tête blonde tenait par un fil bien délié au cœur de votre mère. Maintenant, mon enfant, je ne suis plus que votre vieille sœur, incapable peut-être de soulager vos ennuis, mais non pas de les partager.

CÉLIO

Ma mère ! – Et vous aussi, vous avez été belle ! sous ce long voile qui vous entoure, l'œil reconnaît le port majestueux d'une reine. Ô ma mère ! vous avez inspiré l'amour ! sous vos fenêtres entrouvertes a murmuré le son de la guitare ; sur ces places bruyantes, dans le tourbillon de ces fêtes, vous avez promené une insouciante et superbe jeunesse… vous n'avez point aimé ; un parent de mon père est mort d'amour pour vous.

HERMIA

Quel souvenir me rappelles-tu ?

CÉLIO

Ah ! si votre cœur peut en supporter la tristesse, si ce n'est pas vous demander des larmes, raconter-moi cette aventure, ma mère, faites-m'en connaître les détails.

HERMIA

Hélas ! mon enfant, à quoi bon ? Quelle triste fantaisie avez-vous ?

CÉLIO

Je vous en supplie, et j'écoute.

HERMIA

Vous le voulez ? – Votre père ne m'avait jamais vue alors. Il se chargea, comme allié de ma famille, de faire agréer la demande du jeune Orsini, qui voulait m'épouser. Il fut reçu comme le méritait son rang, par votre grand-père, et admis dans notre intimité. Orsini était un excellent parti, et cependant je refusai. Votre père, en plaidant pour lui, avait tué dans mon cœur le peu d'amour qu'il m'avait inspiré pendant deux mois d'assiduités constantes. Je n'avais pas soupçonné la force de sa passion pour moi. Lorsqu'on lui apporta ma réponse, il tomba, privé de connaissance, dans les bras de votre père. Cependant une longue absence, un voyage qu'il entreprit alors et dans lequel il augmenta sa fortune, devaient avoir dissipé ses chagrins. Votre père changea de rôle et demanda pour lui ce qu'il n'avait pu obtenir pour Orsini. Je l'ai mais d'un amour sincère, et l'estime qu'il avait inspirée à mes parents ne me permit pas d'hésiter. Le mariage fut décidé le jour même, et l'église s'ouvrit pour nous quelques semaines après. Orsini revint à cette époque. Il vint trouver votre père, l'accabla de reproches, l'accusa d'avoir trahi sa confiance et d'avoir causé le refus qu'il avait essuyé. Du reste, ajouta-t-il, si vous avez désiré ma porte, vous serez satisfait. Épouvanté de ces paroles, votre père accourut chez le mien et lui demanda son témoignage pour désabuser Orsini. – Hélas ! il n'était plus temps ; on trouva dans sa chambre le pauvre jeune homme frappé d'un coup d'épée.

CÉLIO

Il a fini ainsi ?

HERMIA

Oui, bien cruellement.

CÉLIO

Non, ma mère, elle n'est point cruelle, la mort qui vient en aide à l'amour sans espoir. La seule chose dont je le plaigne, c'est qu'il s'est cru trompé par son ami.

HERMIA

Qu'avez-vous, Célio ? vous détournez la tête.

CÉLIO

Et vous, ma mère, vous êtes émue. Ah ! ce récit, je le vois, vous a trop coûté. J'ai eu tort de vous le demander.

HERMIA

Ne songez point à mes chagrins, ce ne sont que des souvenirs. Les vôtres me touchent bien davantage. Si vous refusez de les combattre, ils ont longtemps à vivre dans votre jeune cœur. Je ne vous demande pas de me les dire, mais je les vois ; et puisque vous prenez part aux miens, venez, tâchons de nous défendre. Il y a à la maison quelques bons amis, allons essayer de nous distraire. Tâchons de vivre, mon enfant, et de regarder gaiement ensemble, moi le passé, vous l'avenir. – Venez, Célio, donnez-moi la main.

(Ils sortent par le fond, à droite.)

FIN DU PREMIER ACTE.

Acte second

Scène première

Pippo, Octave.

(Ils entrent par le fond, à droite.)

OCTAVE

Il y renonce, dites-vous ?

PIPPO

Hélas ! pauvre jeune homme ! il aime plus que jamais ! je croirais presque qu'il se vous, de moi, de tout ce qui l'entoure.

OCTAVE

Non, par le ciel ! je n'y renoncerai pas. Je me sens moi-même une autre Marianne, et il y a du plaisir à être entêté. – Ou Célio réussira, ou j'y perdrai ma langue

PIPPO

Agirez-vous contre sa volonté ?

OCTAVE

Oui, pour agir d'après la mienne, qui est sa sœur aînée, et pour envoyer aux enfers messer Claudio, le podestat, que je déteste, méprise et abhorre depuis les pieds jusqu'à la tête.

PIPPO

Faites-lui donc vous-même votre réponse, car le voici et quant à moi, je cesse de m'en mêler.

(Il sort par la gauche.)

Scène II

Octave, Célio, venant du fond à droite.

OCTAVE

Comment, Célio, tu abandonnes la partie ?

CÉLIO, *tenant un livre à la main.*

Que veux-tu que je fasse ?

OCTAVE

Te défies-tu de moi ? Te voilà pâle comme la neige. D'où viens-tu ?

CÉLIO

De chez ma mère.

OCTAVE

Pourquoi cette tristesse ?

CÉLIO

Je ne sais. Pardonne, pardonne-moi, fais ce que tu voudras ; va trouver Marianne, dis-lui que me tromper, c'est me donner la mort, et que ma vie est dans ses yeux.

OCTAVE

Eh ! que diantre as-tu à faire de la mort ? À propos de quoi y penses-tu ?

CÉLIO

Mon ami, je l'ai devant les yeux.

OCTAVE

La Mort ?

CÉLIO

Oui, l'Amour et la Mort.

OCTAVE

Qu'est-ce à dire ?

CÉLIO

L'Amour et la Mort, Octave, se tiennent la main : celui-là est la source du plus grand bonheur que l'homme puisse rencontrer ici-bas ; celle-ci met un terme à toutes les douleurs, à tous les maux.

28

OCTAVE

C'est un livre que tu as là ?

CÉLIO

Oui, et que tu n'as probablement pas lu.

OCTAVE

Très probablement. Quand on en lit un, il n'y a pas de raison pour lire tous les autres.

CÉLIO, *lisant.*

« Lorsque le cœur éprouve sincèrement un profond sentiment d'amour, il éprouve aussi comme une fatigue et une langueur qui lui font désirer de mourir. Pourquoi ? je ne sais. »

OCTAVE

Ni moi non plus.

CÉLIO, *lisant.*

« Peut-être est-ce l'effet d'un premier amour, peut-être que ce vaste désert où nous sommes effraye les regards de celui qui aime, peut-être que cette terre ne lui semble plus habitable, s'il n'y peut trouver ce bonheur nouveau unique, infini, que son cœur lui représente. »

OCTAVE

Ah çà, mais, à qui en as-tu ?

CÉLIO, *lisant.*

« Le paysan, l'artisan grossier qui ne sait rien, la jeune fille timide, qui frémit d'ordinaire à la seule pensée de la mort, s'enhardit lorsqu'elle aime jusqu'à porter un regard sur un tombeau. » – Octave, la mort nous mène à Dieu, et mes genoux plient quand j'y pense. Bonsoir, mon cher ami.

OCTAVE

Où vas-tu ?

CÉLIO

J'ai affaire en ville ce soir adieu, fais ce que tu voudras.

OCTAVE

Tu as l'air d'aller te noyer. Mais cette mort dont tu parles, est-ce que tu en as peur, par hasard ?

CÉLIO

Ah ! que j'eusse pu me faire un nom dans les tournois et les batailles ! qu'il m'eût été permis de porter les couleurs de Marianne et de les teindre de mon sang ! qu'on m'eût donné un rival à combattre, une armée entière à défier ! que le sacrifice de ma vie eût pu lui être utile ! je sais agir, mais je ne sais pas parler. Ma langue ne sert point mon cœur, et je mourrai sans m'être fait comprendre, comme un muet dans une prison.

OCTAVE

Voyons, Célio, à quoi penses-tu ? Il y a d'autres Mariannes sous le ciel ; soupons ensemble, et moquons-nous de cette Marianne-là.

CÉLIO

Adieu, adieu, je ne puis m'arrêter plus longtemps. Je te verrai demain, mon ami.

(Il sort par la gauche.)

Scène III

Octave, seul.

Célio, écoute donc ! nous te trouverons une Marianne bien gentille, douce comme un agneau. – En vérité, voilà qui est étrange ! N'importe, je ne céderai pas. Je suis comme un homme qui tient la banque d'un pharaon pour le compte d'un autre et qui a la veine contre lui : il noierait plutôt son meilleur ami que de céder, et la colère de perdre avec l'argent d'autrui l'enflamme cent fois plus que ne le ferait sa propre ruine. – Ah ! voici Marianne qui sort. Elle va sans doute à vêpres elle approche lentement.

Scène IV

Octave, Marianne, venant du jardin.

OCTAVE

Belle Marianne, vous dormirez tranquille. Le cœur de Célio est à une autre, et ce n'est plus sous vos fenêtres qu'il donnera ses sérénades.

MARIANNE

Quel dommage ! et quel grand malheur de n'avoir pu partager un amour comme celui-là ! Voyez comme le hasard me contrarie ! moi qui allais l'aimer.

OCTAVE

En vérité ?

MARIANNE

Oui, sur mon âme, ce soir ou demain matin, dimanche au plus tard, je vous le jure. Qui pourrait ne pas réussir avec un ambassadeur tel que vous ? Il faut croire que sa passion pour moi était quelque chose comme du chinois ou de l'arabe, puisqu'il lui fallait un interprète, et qu'elle ne pouvait s'expliquer toute seule.

OCTAVE

Raillez, raillez ! nous ne vous craignons plus.

MARIANNE

Ou peut-être que cet amour n'était encore qu'un pauvre enfant à la mamelle, et vous, comme une sage nourrice, en le menant à la lisière, vous l'aurez laissé tomber la tête la première en le promenant par la ville.

OCTAVE

La sage nourrice s'est contentée de lui faire boire d'un certain lait que la vôtre vous a versé sans doute, et généreusement ; vous en avez encore sur les lèvres une goutte qui se mêle à toutes vos paroles.

MARIANNE

Comment s'appelle ce lait merveilleux ?

OCTAVE

L'indifférence. Vous ne savez ni aimer ni haïr, et vous êtes comme les roses du Bengale, Marianne, sans épine et sans parfum.

MARIANNE

Bien dit. Aviez-vous préparé d'avance cette comparaison ?
Si vous ne brûlez pas le brouillon de vos harangues, donnez-le-moi, de grâce,
que je les apprenne à ma perruche.

OCTAVE

Qu'y trouvez-vous qui puisse vous blesser ? Une fleur sans parfum n'en est
pas moins belle ; bien au contraire, ce sont les plus belles que Dieu a faites
ainsi et il me semble que sur ce point-là vous n'avez pas le droit de vous
plaindre.

MARIANNE

Mon cher cousin, est-ce que vous ne plaignez pas le sort des femmes ? Voyez
un peu ce qui m'arrive. Il est décrété par le sort que Célio m'aime, ou croit
m'aimer, lequel Célio a dit à ses amis, lesquels amis décrètent à leur tour que,
sous peine de mort, je l'aimerai. La jeunesse napolitaine daigne m'envoyer
en votre personne un digne représentant, chargé de me faire savoir que j'aie
à aimer ledit seigneur Célio d'ici à une huitaine de jours. Pesez cela, je vous
en prie. N'est-ce pas une femme bien abjecte que celle qui obéit à point
nommé, à l'heure convenue, à une pareille proposition ? Ne va-t-on pas la
déchirer à belles dents, la montrer au doigt et faire de son nom le refrain
d'une chanson à boire ? – Si elle refuse, au contraire, est-il un monstre qui
lui soit comparable ? est-il une statue plus froide qu'elle ? Et l'homme qui
lui parle, qui ose l'arrêter en place publique son livre de messe à la main,
n'a-t-il pas le droit de lui dire : Vous êtes une rose du Bengale, sans épine
et sans parfum ?

OCTAVE

Cousine, cousine, ne vous fâchez pas.

MARIANNE

N'est-ce pas une chose bien ridicule que l'honnêteté et la foi jurée ? que
l'éducation d'une fille, la fierté d'un cœur qui s'est figuré qu'il vaut quelque
chose, et qui, pour mériter le lui-même ? Tout respect des autres, commence
par se respecter lui-même ? Tout cela n'est-il pas un rêve, une bulle de savon
qui, au premier soupir d'un cavalier à la mode, doit s'évaporer dans les airs ?

OCTAVE

Vous vous méprenez sur mon compte et sur celui de Célio.

MARIANNE

Qu'est-ce après tout qu'une femme ? L'occupation d'un moment, une ombre
vaine qu'on fait semblant d'aimer, pour le plaisir de dire qu'on aime. Une

femme ! c'est une distraction. Ne pourrait-on pas dire, quand on en rencontre une : Voilà ma belle fantaisie qui passe ! Et ne serait-ce pas un grand écolier en de telles matières, que celui qui baisserait les yeux devant elle, qui se dirait tout bas : « Voilà peut-être le bonheur d'une vie entière, » et qui la laisserait passer ?

(Elle sort par la gauche.)

Scène V

Octave, puis un garçon d'auberge.

OCTAVE

Tra, tra, poum poum ! tra déra la la ! – Quelle drôle de petite femme !
(Appelant à l'auberge.)
Hai ! holà !
(À un garçon qui sort de l'auberge.)
Apportez-moi ici, sous cette tonnelle, une bouteille de quelque chose.

LE GARÇON.

Ce qui vous plaira, excellence. Voulez-vous du lacrymachristi ?

OCTAVE

Soit, soit.
(Il tire de sa poche des tablettes et écrit quelques mots au crayon.)
Allez-vous-en un peu chercher dans les rues d'alentour le seigneur Célio,
qui porte un manteau sombre et un pourpoint plus sombre encore. Vous lui
direz qu'un de ses amis est là qui boit tout seul du lacryma-christi. Après
quoi vous irez à la grande place, et vous remettrez ceci de ma part
(Il lui donne un feuillet de ses tablettes.)
à une certaine Rosalinde qui est rousse, et qui est toujours à sa fenêtre.
(Le garçon sort par le fond à gauche.)

Scène VI

Octave, puis Claudio, Tibia.

OCTAVE, *seul.*

Je ne sais ce que j'ai dans la gorge ; je suis triste comme un lendemain de fête. Je ferai aussi bien de dîner ici. Est-ce que j'ai envie de dormir ? je me sens tout pétrifié.

(Claudio et Tibia entrent par le jardin.)

Ah !... cousin Claudio, vous êtes un beau juge ; où allez-vous si couramment ?

CLAUDIO

Qu'entendez-vous par là, seigneur Octave ?

OCTAVE

J'entends que vous êtes un podestat qui a de belles formes

CLAUDIO

De langage, ou de complexion ?

OCTAVE

De langage, de langage. Votre robe est pleine d'éloquence, et vos bras sont deux charmantes parenthèses.

CLAUDIO

Soit dit en passant, seigneur Octave, le marteau de ma porte m'a tout l'air de vous avoir brûlé les doigts.

OCTAVE

En quelle façon, cousin plein de science ?

CLAUDIO

En y voulant frapper, cousin plein de finesse.

OCTAVE

Ajoute hardiment plein de respect, Claudio, pour le marteau de ta porte ; mais tu peux le faire peindre à neuf, sans que je craigne de m'y salir les doigts.

CLAUDIO

En quelle façon, cousin plein de facéties ?

OCTAVE

En n'y frappant jamais, cousin plein de causticité.

CLAUDIO

Cela vous est pourtant arrivé, puisque ma femme a enjoint à ses gens de vous fermer la porte au nez à la première occasion.

OCTAVE

Tes lunettes sont myopes, juge plein de grâce ; tu te trompes d'adresse dans ton compliment.

CLAUDIO

Mes lunettes sont excellentes, cousin plein de riposte. N'as-tu pas fait à ma femme une déclaration amoureuse ?

OCTAVE

À quelle occasion, subtil magistrat ?

CLAUDIO

À l'occasion de ton ami Célio, messager complaisant malheureusement j'ai tout entendu.

OCTAVE

Par quelle oreille, sénateur incorruptible ?

CLAUDIO

Par celle de ma femme qui m'a tout raconté, godelureau chéri.

OCTAVE

Tout absolument, époux idolâtré ! Rien n'est resté dans cette charmante oreille ?

CLAUDIO

Il y est resté sa réponse, charmant pilier de cabaret, que je suis chargé de te faire.

OCTAVE

Je ne suis pas chargé l'entendre, cher procès-verbal.

CLAUDIO

Ce sera donc ma porte en personne qui te la fera, aimable croupier de roulette, si tu t'avises de la consulter.

OCTAVE

C'est ce dont je ne me soucie guère, chère sentence de mort ; je vivrai heureux sans cela.

CLAUDIO

Puisses-tu le faire en repos, cher cornet de passe-dix ! je te souhaite mille prospérités.

(Il sort par le fond à droite suivi de Tibia.)

OCTAVE

Rassure-toi sur ce sujet, cher verrou de prison ; et dors tranquille comme une audience.

Scène VII

Octave, le garçon, venant du fond à gauche.

LE GARÇON

Monsieur la demoiselle rousse n'est point à sa fenêtre ; elle ne peut se rendre à votre invitation.

OCTAVE

Que le diable l'emporte, et toi aussi !

LE GARÇON.

Et le monsieur au manteau sombre n'est pas dans les rues d'alentour ; mais j'ai rencontré son laquais à qui j'ai dit d'aller le chercher.

(Il rentre à l'auberge)

OCTAVE

La peste soit de tout l'univers ! Est-il décidé que je souperai seul aujourd'hui ? Que diable vais-je devenir ?
(Le garçon apporte un flacon de vin et une il les met sur la table et rentre à l'auberge.)
Bon ! bon ! ceci me convient.
(Il s'assied, et se verse à boire.)
Je suis capable d'ensevelir ma tristesse dans ce vin, ou du moins ce vin dans ma tristesse. Ah ! ah ! les vêpres sont finies : voici Marianne qui revient.
(Il frappe un léger coup sur la table avec la main.)

Scène VIII

Octave, Marianne venant par la gauche.

MARIANNE, *retournant au bruit.*

Encore ici, seigneur Octave, et déjà à table ? C'est un peu triste de s'enivrer tout seul.

OCTAVE

Le monde entier m'a abandonné. Je tâche d'y voir double, afin de me servir à moi-même de compagnie.

MARIANNE

Comment ! pas un de vos amis, personne qui vous soulage de ce fardeau terrible, la solitude ?

OCTAVE

Faut-il vous dire ma pensée ? j'avais invité une certaine Rosalinde, qui est de mes amies ; elle soupe en ville comme une personne de qualité.

MARIANNE

C'est une fâcheuse affaire, sans doute, et votre cœur en doit ressentir un vide effroyable.

OCTAVE

Un vide que je ne saurais exprimer, et que je communique en vain à cette large coupe. Le carillon des vêpres m'a fendu le crâne pour tout l'après-dîner.

MARIANNE, *s'approchant.*

Dites-moi, cousin, est-ce du vin à quinze sous la bouteille que vous buvez ?

OCTAVE

N'en riez pas ; c'est du lacryma-christi ni plus ni moins et délicieux.

MARIANNE

Cela m'étonne que vous ne buviez pas du vin à quinze sous ; buvez-en, je vous en supplie.

OCTAVE

Pourquoi en boirais-je, s'il vous plaît ?

40

MARIANNE

Goûtez-en ; je suis sûre qu'il n'y a aucune différence avec celui-là.

OCTAVE

Il y en a une aussi grande qu'entre le soleil et une lanterne.

MARIANNE

Non, vous dis-je, c'est la même chose.

OCTAVE

Dieu m'en préserve ! Vous moquez-vous de moi ?

MARIANNE

Vous trouvez qu'il y a une grande différence ?

OCTAVE

Assurément.

MARIANNE

Je croyais qu'il en était du vin comme des femmes. Quel misérable cœur est-ce donc que le vôtre, pour que vos lèvres lui fassent la leçon ? Vous ne boiriez pas le vin que boit le peuple ; vous aimez les femmes qu'il aime. L'esprit généreux et poétique de ce flacon doré ces sucs merveilleux que la du Vésuve a cuvés sous son ardent soleil, vous conduiront à un vin grossier, votre gorge se soulèverait... Ah ! vos lèvres sont délicates, mais votre cœur s'enivre à bon marché !... Bonsoir, cousin ; puisse Rosalinde venir consoler vos ennuis !

(Elle fait quelques pas vers le jardin.)

OCTAVE, *se levant.*

Deux mots de grâce, belle Marianne, et ma réponse sera courte. Combien de temps pensez-vous qu'il faille faire la cour à la bouteille que vous voyez, pour obtenir d'elle un accueil favorable ? Elle est, comme vous dites, toute pleine d'un esprit céleste, et le vin du peuple lui ressemble aussi peu qu'un paysan à son seigneur. Cependant, regardez comme elle est bonne personne ! Un mot a suffi pour la faire sortir du cellier ; toute poudreuse encore, elle s'en est échappée pour me donner un quart d'heure d'oubli, et mourir ! Sa couronne, empourprée de cire odorante, est aussitôt tombée en poussière, et je ne puis vous le cacher, elle a failli passer tout entière sur mes lèvres dans la chaleur de son premier baiser.

MARIANNE

Êtes-vous sûr qu'elle en vaut davantage ? Et si vous êtes un de ses vrais amants, n'iriez-vous pas, si la recette en était perdue, en chercher la dernière goutte jusque dans la bouche du volcan ?

OCTAVE

Elle n'en vaut ni plus ni moins. Dieu n'en a pas caché la source au sommet d'un pic inabordable, au fond d'une caverne profonde ; il l'a suspendue en grappes dorées sur nos brillants coteaux. Elle est, il est vrai, rare et précieuse, mais elle ne défend pas qu'on l'approche. Elle se laisse voir aux rayons du soleil, et toute une cour d'abeilles et de frelons murmure autour d'elle matin et soir. Le voyageur dévoré de soif peut se reposer sous ses rameaux verts ; jamais elle ne l'a laissé languir, jamais elle ne lui a refusé les douces larmes dont son cœur est plein. Ah ! Marianne ! c'est un don fatal que la beauté ! La sagesse dont elle se vante est sœur de l'avarice, et il y a parfois plus de miséricorde pour ses faiblesses que pour sa cruauté... Bonsoir, cousine ; puisse Célio vous oublier !

(Il entre dans l'auberge.)

Scène IX

Claudio, Marianne.

*(Claudio, venant de la droite, est entre
un peu avant la sortie d'Octave.)*

CLAUDIO

Pensez-vous que je sois un mannequin, et que je me promène sur la terre pour servir d'épouvantail aux oiseaux ?

MARIANNE

D'où vous vient cette gracieuse idée ?

CLAUDIO

Pensez-vous qu'un homme de mon poids ignore la valeur des mots, et qu'on puisse se jouer de sa crédulité comme de celle d'un danseur ambulant ?

MARIANNE

À qui en avez-vous ce soir ?

CLAUDIO

Pensez-vous que je n'aie pas entendu vos propres paroles : « Si cet homme ou son ami se présente à ma porte, qu'on la lui fasse fermer ! » Et croyez-vous que je trouve convenable de vous voir converser librement avec lui sous une tonnelle ?

MARIANNE

Vous m'avez vue sous une tonnelle ?

CLAUDIO

Oui, oui, de ces yeux que voilà, sous la tonnelle de ce cabaret. La tonnelle d'un cabaret n'est point un lieu conversation pour la femme d'un magistrat, et il est inutile de faire fermer sa porte quand on se renvoie le dé en plein air avec si peu de retenue.

MARIANNE

Depuis quand m'est-il défendu de causer avec un de vos parents ?

CLAUDIO

Quand un de mes parents est un de vos amants, il est fort bien fait de s'en abstenir.

MARIANNE

Octave, un de mes amants ! Perdez-vous la tête ? Il n'a de sa vie fait la cour à personne.

CLAUDIO

Son caractère est vicieux ; c'est un coureur de tripots.

MARIANNE

Raison de plus pour qu'il ne soit pas, comme vous dites fort agréablement, *un de mes amants.* Il me plaît de causer avec Octave sous la tonnelle d'un cabaret.

CLAUDIO

Ne me poussez pas à quelque fâcheuse extrémité par vos extravagances, et réfléchissez à ce que vous faites.

MARIANNE

À quelle extrémité voulez-vous que je vous pousse ? Je suis curieuse de savoir ce que vous feriez.

CLAUDIO

Je vous défendrais de le voir et d'échanger avec lui aucune parole, soit dans ma maison, soit dans une maison tierce, soit en plein air.

MARIANNE

Ah ! ah ! vraiment, voilà qui est nouveau !... Octave est mon parent tout autant que le vôtre ; je prétends lui parler quand bon me semblera, en plein air ou ailleurs, et dans notre maison, s'il lui plaît d'y venir.

CLAUDIO

Souvenez-vous de cette dernière phrase que vous venez de prononcer. Je vous ménage un châtiment exemplaire si vous allez contre ma volonté.

MARIANNE

Trouvez bon que j'aille d'après la mienne, et ménagez-moi ce qui vous plaira ; je m'en soucie comme de cela.

CLAUDIO

Marianne, brisons cet entretien. Ou vous sentirez l'inconvenance de s'arrêter sous une tonnelle, ou vous me réduirez à une violence qui répugne à mon habit.

(Il sort par le fond, à droite.)

Scène X

Marianne, seule, appelant du côté du jardin.

Holà ! quelqu'un !…

(À un qui entre.)

Voyez-vous là, dans cette maison, ce jeune homme devant une table ? Allez lui dire que j'ai à lui parler et qu'il prenne peine de venir ici.

(Le Domestique entre dans l'auberge.)

Voilà qui est nouveau ! Pour qui me prend-on ? Quel mal y a-t-il donc ?… Comment donc suis-je faite aujourd'hui ? voilà une robe affreuse !… Qu'est-ce que cela signifie ? vous me réduirez à la violence ! quelle violence ?… Je voudrais que ma mère fût là. Ah ! bah ! elle est de son avis dès qu'il dit un mot. J'ai une envie de battre quelqu'un… Je suis bien bonne, en vérité ! Ah ! c'est donc là le commencement ? On me l'avait prédit, je le savais, je m'y attendais !… Patience ! patience ! Il me ménage un châtiment, et lequel, par hasard ? Je voudrais bien savoir ce qu'il veut dire.

45

Scène XI

Octave, Marianne.

MARIANNE

Approchez, Octave, j'ai à vous parler. J'ai réfléchi à ce que vous m'avez dit sur le compte de votre ami *Célio*. Dites-moi, pourquoi ne s'explique-t-il pas lui-même ?

OCTAVE

Par une raison assez simple : il vous a écrit, et vous avez déchiré ses lettres ; il vous a envoyé quelqu'un, et vous lui avez fermé la bouche ; il vous a donné des concerts, vous l'avez laissé dans la rue. Ma foi ! il s'est donné au diable, et l'on s'y donnerait à moins.

MARIANNE

Cela veut dire qu'il a songé à vous ?

OCTAVE

Oui.

MARIANNE

Eh bien ! parlez-moi de lui.

OCTAVE

Sérieusement ?

MARIANNE

Oui, oui, sérieusement ; me voilà, j'écoute.

OCTAVE

Vous voulez rire ?

MARIANNE

Quel pitoyable avocat êtes-vous donc ? Parlez, que je veuille rire ou non.

OCTAVE

Que regardez-vous à droite et à gauche ? En vérité, vous êtes en colère.

MARIANNE

Je veux me mettre à la mode, Octave, je veux prendre un cavalier servant. N'est-ce pas ainsi que cela s'appelle ? Si je vous ai bien compris tout à

46

l'heure, ne me reprochiez-vous pas, avec votre bouteille, de me montrer trop sévère et d'éloigner de moi ceux qui m'aiment ? Soit, je consens à les entendre. Je suis menacée, je suis outragée, et, je vous le demande, l'ai-je mérité ?

OCTAVE

Non, assurément, tant s'en faut !

MARIANNE

Je ne sais ni mentir ni tromper personne, et c'est justement par cette raison que je ne veux pas être contrainte ; et, Sigisbé ou Patito, quelle femme, en Italie, ne souffre auprès d'elle ceux qui essayent de lui parler d'amour, sans qu'on voie à cela ni crime ni mensonge ? Vous dites qu'on me donne des concerts et que je laisse les gens dans la rue ? eh bien, je les y laisserai encore, mais ma jalousie sera entrouverte, je serai là, j'écouterai.

OCTAVE

Puis-je répéter à Célio ?...

MARIANNE

Célio ou tout autre, peu m'importe !... Que me conseillez-vous, Octave ? Voyez, je m'en rapporte à vous. Eh bien, vous ne parlez pas ? Je vous dis que je le veux... Oui, ce soir même, j'ai envie qu'on me donne une sérénade, et il me plaira de l'entendre. Je suis curieuse de voir si on me le défendra.
(Lui donnant un nœud de rubans de sa robe.)
Tenez, voilà mes couleurs... Qui vous voudrez les portera !

OCTAVE

Marianne ! quelle que soit la raison qui a pu vous inspirer une minute de complaisance, puisque vous m'avez appelé, puisque vous consentez à m'entendre, au nom du ciel, restez la même une minute encore ; permettez-moi de vous parler.

MARIANNE

Que voulez-vous me dire ?

OCTAVE

Si jamais homme au monde a été digne de vous comprendre, digne de vivre et de mourir pour vous, cet homme est Célio. Je n'ai jamais valu grand-chose, et je me rends cette justice que la passion dont je fais l'éloge trouve un misérable interprète. Vous, si belle, si jeune ! si vous saviez quel trésor de bonheur repose en vous, en lui ! dans cette fraîche aurore de jeunesse, dans cette rosée céleste de la vie, dans ce premier accord de deux âmes jumelles ! Je ne vous parle pas de sa souffrance, de cette douce et tendre mélancolie qui ne s'est jamais lassée de vos rigueurs et qui en mourrait sans se plaindre. Oui, Marianne, il en mourra. Que puis-je vous dire ? Qu'inventerai-je pour donner à mes paroles la force qui leur manque ? Je ne sais pas le langage de l'amour. Regardez dans votre âme ; c'est elle qui peut vous parler de la sienne. Y a-t-il un pouvoir capable de vous toucher ? Vous qui savez supplier Dieu, existe-t-il une prière qui puisse rendre ce dont mon cœur est plein ?

(Il se jette à genoux.)

MARIANNE

Relevez-vous, Octave. En vérité, si quelqu'un venait, ne croirait-on pas, à vous entendre, que c'est pour vous que vous plaidez ?

OCTAVE

Marianne ! Marianne ! au nom du ciel, ne souriez pas ! ne fermez pas votre cœur au premier éclair qui l'ait peut-être traversé !

MARIANNE

Êtes-vous sûr qu'il ne me soit pas permis de sourire ?

OCTAVE, *se relevant.*

Oui, vous avez raison, je sais tout le tort que mon amitié peut faire. Je sais qui je suis, je le sens… un pareil langage dans ma bouche a l'air d'une raillerie. Vous doutez de la sincérité de mes paroles ; jamais peut-être je n'ai senti avec plus d'amertume qu'en ce moment le peu de confiance que je puis inspirer.

MARIANNE

Pourquoi cela ? vous voyez que j'écoute. Célio me déplaît ; je ne veux pas de lui. Parlez-moi de quelque autre, de qui vous voudrez.

OCTAVE

Ô femme trois fois femme ! Célio vous déplaît, – mais le premier venu vous plaira peut-être. L'homme qui vous aime, qui s'attache à vos pas, qui mourrait de bon cœur sur un mot de votre bouche, celui-là vous déplaît ! Il est jeune, beau, riche et digne en tout point de vous ; mais il vous déplaît ! et le premier venu vous plaira.

MARIANNE

Faites ce que je vous dis, ou ne me revoyez jamais.

(Elle entre dans sa maison. – La nuit vient par degrés.)

Scène XII

Octave, seul.

Vous êtes bien jolie, Marianne, et votre petit caprice de colère est un charmant traité de paix. Il ne me faudrait pas beaucoup d'orgueil pour le comprendre ; un peu de perfidie suffirait. Ce sera pourtant Célio qui en profitera.

Scène XIII

Célio, Octave.

CÉLIO, *venant de la gauche.*

Tu m'as fait demander, mon ami ; eh bien, quelle nouvelle ?

OCTAVE

Pique ce ruban à ton bonnet, Célio ; prends ta guitare et ton épée... notre cause est à moitié gagnée.

CÉLIO

Au nom du ciel, ne te ris pas de moi.

OCTAVE

La nuit sera belle ; – la lune va paraître à l'horizon. Marianne sera seule ce soir derrière sa jalousie ; elle consent à t'écouter.

CÉLIO

Est-ce vrai ? est-ce vrai ? ou tu es ma vie, Octave, ou tu es sans pitié.

OCTAVE

Je te dis que tout est convenu. Une chanson sous la fenêtre ; un bon manteau bien long, un poignard dans la poche, un manque sur le nez... As-tu un masque ?

CÉLIO

Non.

OCTAVE

Point de masque ? – Amoureux, et en carnaval ! Ce garçon-là ne pense à rien. Va donc t'équiper au plus vite.

CÉLIO

Ah ! mon Dieu ! le cœur me manque.

OCTAVE

Courage, mon ami ! En route ! tu m'embrasseras en revenant. En route ! en route ! la nuit s'avance.

(Célio sort par la gauche.)

50

Le cœur lui manque, dit-il ! et à moi aussi, car je n'ai dîné qu'à moitié. Pour récompense de mes peines, je vais me donner à souper.

(Appelant.)

Hai ! holà ! Giovanni ! Beppo !...

(Il entre à l'auberge.)

Scène XIV

Tibia, Claudio, Marianne, sur le balcon, deux spadassins.

(Tibia et Claudio, suivis de deux Spadassins, viennent du fond, à droite, ils descendent la scène en longeant la maison de Claudio.)

CLAUDIO, *aux Spadassins.*

Laissez-le entrer, et jetez-vous sur lui, dès qu'il sera parvenu à ce bosquet.

(L'un des Spadassins entre dans le jardin.)

MARIANNE, *sur le balcon, à part.*

Que vois-je ? mon mari et Tibia !

TIBIA, *à Claudio.*

Et s'il entre par l'autre côté ?

CLAUDIO

Comment, Tibia, par l'autre côté ! verrais-je ainsi échouer tout mon plan ?

MARIANNE, *à part*

Que disent-ils ?

TIBIA

Cette place étant un carrefour, on peut y venir à droite et à gauche.

CLAUDIO

Tu as raison ; je n'y avais pas songé.

TIBIA

Que faire, monsieur, s'il arrive par la gauche ?

CLAUDIO

Alors, attendez-le au coin du mur.

MARIANNE, *à part.*

Ô ciel ! qu'ai-je entendu ?

TIBIA

Et s'il se présente par la droite ?

CLAUDIO

Attendez un peu. – Vous ferez la même chose.

> *(L'autre Spadassin sort par la droite.)*

MARIANNE, *à part.*

Comment avertir Octave ?

TIBIA, *regardant à gauche.*

Le voilà qui arrive. Tenez, monsieur, voyez comme son ombre est grande ! c'est un homme d'une belle stature.

CLAUDIO

Retirons-nous à l'écart, et frappez quand il en sera temps.

> *(Ils sortent par le fond à droite.)*

Scène XV

Célio, masqué, Marianne, sur le balcon.

CÉLIO, *s'approchant du balcon.*

Marianne ! Marianne ! êtes-vous là ?

MARIANNE

Fuyez, fuyez Octave !

CÉLIO

Seigneur, mon Dieu ! quel nom ai-je entendu ?

MARIANNE

La maison est entourée d'assassins ; mon mari a écouté notre conversation, et votre mort est certaine, si vous restez une minute encore.

CÉLIO

Est-ce un rêve ? suis-je Célio ?

MARIANNE

Octave, Octave, au nom du ciel, ne vous arrêtez pas ! Puisse-t-il être encore temps de vous échapper ! Demain, trouvez-vous à midi derrière le jardin, j'y serai.

(Elle quitte le balcon.)

54

Scène XVI

Célio, Tibia.

(Tibia entre par le fond à droite, se glisse sans bruit sous le balcon, puis derrière le pilier de la grille qui touche à la maison.)

CÉLIO, *se démasquant et tirant son épée.*

Ô mort ! puisque tu es là, viens donc à mon secours. Octave, traître Octave ! puisse mon sang retomber sur toi ! Dans quel but, dans quel intérêt tu m'as envoyé dans ce piège affreux, je ne le puis comprendre, mais je le saurai, puisque j'y suis venu ; et fût-ce aux dépens de ma vie, j'apprendrai le mot de cette horrible énigme.

(Il entre dans le jardin, Tibia l'y suit et ferme la grille en dedans.)

Scène XVII

Octave, seul, sortant de l'auberge.

Ah ! – où vais-je aller à présent ? j'ai fait quelque chose pour le bonheur d'autrui, qu'inventerai-je pour mon plaisir ? Ma foi ! voilà une belle nuit, et vraiment celle-ci doit m'être comptée ! – En vérité, cette femme était belle, et sa petite colère lui allait bien ! D'où venait-elle ? c'est ce que j'ignore. – Qu'importe comment la bille d'ivoire tombe sur le numéro que nous avons appelé ! Souffler une maîtresse à un ami, c'est une rouerie trop commune pour moi. La véritable affaire était de souper ! Il est clair que Célio est à jeun. – Comme tu m'aurais détesté, Marianne, si je t'avais aimée ! comme tu m'aurais fermé ta porte ! comme ton belître de mari t'aurait paru un Adonis, un Sylvain, en comparaison de moi ! – Où est donc la raison de tout cela ? La raison de tout c'est la fortune ! Il n'y a qu'heur et malheur en ce monde. Célio n'était-il pas désolé ce matin, et maintenant…
    (On entend un bruit sourd et un cliquetis d'épées dans le jardin.)
Qu'ai-je entendu ? quel est ce bruit ?

CÉLIO, *d'une voix étouffée, dans le jardin.*

À moi !…

OCTAVE

Célio ! c'est la voix de Célio.
   (Courant à la grille et la secouant.)
Ouvrez, ou j'enfonce la grille !

Scène XVIII

Octave, Claudio.

CLAUDIO, *ouvrant la grille.*

Que voulez-vous ?

OCTAVE

Où est Célio ?

CLAUDIO

Je ne pense pas que son habitude soit de coucher dans cette maison.

OCTAVE

Si tu l'as assassiné, Claudio, prend garde à toi ; je te tordrai le cou de ces mains que voilà.

CLAUDIO

Êtes-vous fou ou somnambule ? Cherchez dans ce jardin, si bon vous semble ; je n'y ai vu entrer personne ; et si quelqu'un l'a voulu faire, il me semble que j'avais le droit de ne pas lui ouvrir
(Octave entre dans le jardin ; Claudio va au-devant de Tibia qui entre par le fond à droite, et lui dit bas :)
Tout est-il fini comme je l'ai ordonné ?

TIBIA

Oui, monsieur, soyez en repos ; ils peuvent chercher tant qu'ils voudront.

CLAUDIO

Maintenant songeons à ma femme, et allons prévenir sa mère.
(Ils sortent par la droite.)

Scène XIX

Marianne, seul venant de la maison.

Cela est certain… je ne me trompe pas… j'ai bien entendu. Derrière la maison, à travers les arbres, j'ai vu des ombres dispersées çà et là, se joindre tout à coup et fondre sur lui. J'ai entendu le bruit des épées, puis un cri étouffé, le plus sinistre, le dernier appel ! – Pauvre Octave ! tout brave qu'il est (car il est brave), ils l'ont surpris, ils l'ont entraîné. Est-il possible, est-il croyable qu'une pareille faute soit payée si cher ? Est-il possible que si peu de bon sens puisse donner tant de cruauté ? Et moi qui ai agi si légèrement, si follement, par pure plaisanterie, par pur caprice !… Il faut que je le voie, il faut que je sache….

Scène XX

Marianne, Octave.

(Octave vient du jardin, épée à la main et remonte le théâtre jusqu'au fond, en regardant de tous côtés.)

MARIANNE

Octave, est-ce vous ?

OCTAVE

C'est moi, Marianne… Célio n'est plus !…

MARIANNE

Célio, dites-vous ?… Comment se peut-il ?…

OCTAVE

Il n'est plus !…

MARIANNE

Ô ciel !…

(Elle fait quelques pas du côté du jardin.)

OCTAVE

Il n'est plus !… N'allez pas par là.

MARIANNE

Où voulez-vous que j'aille ? Je suis perdue !… Il faut partir, Octave, il faut fuir !… Claudio sûrement n'est pas dans la maison ?

OCTAVE

Non ; ils ont pris leurs précautions, et m'ont laissé prudemment seul.

MARIANNE

Je le connais, je suis perdue, et vous peut-être aussi… Partons ils vont revenir et tout à l'heure…

OCTAVE

Partez si vous voulez ; je reste. S'ils doivent revenir ils me trouveront, et, quoi qu'il advienne, je les attendrai. Je veux veiller près de lui dans son dernier sommeil.

MARIANNE

Mais moi, m'abandonnerez-vous ? Savez-vous à quel danger vous vous exposez, et jusqu'où peut aller leur vengeance ?

OCTAVE

Regardez là-bas, derrière ces arbres, cette petite place sombre, au coin de la muraille ; là est couché mon seul ami ; quant au reste, je ne m'en soucie guère.

MARIANNE

Pas même de votre vie... ni de la mienne ?...

OCTAVE

Pas même de cela. Regardez là-bas !... Moi seul au monde je l'ai connu. Posez sur sa tombe une urne d'albâtre couverte d'un long voile de deuil ce sera sa parfaite image. C'est ainsi qu'une douce mélancolie voilait les perfections de cette âme tendre et délicate... Elle eût été heureuse la femme qui l'eût aimé !

MARIANNE

L'aurait-il défendue si elle avait couru un danger ?

OCTAVE

Oui, sans nul doute, il l'aurait fait !... Lui seul était capable d'un dévouement sans bornes ; lui seul eût consacré sa vie entière à la femme qu'il aimait, aussi facilement qu'il a bravé la mort pour elle.

MARIANNE

Et vous, Octave, ne le feriez-vous pas ?

OCTAVE

Moi ?... moi, je ne suis qu'un débauché sans cœur ; je n'estime point les femmes. L'amour que j'inspire est comme celui que je ressens, l'ivresse passagère d'un songe. Ma gaieté n'est qu'un masque ; mon cœur est plus vieux qu'elle !... Ah ! je ne suis qu'un lâche ! sa mort n'est point vengée !...

(Il jette à terre son épée.)

MARIANNE

Comment aurait-elle pu l'être ?... Claudio est trop vieux pour accepter un duel, et trop puissant dans cette ville pour rien craindre de vous.

OCTAVE

Célio m'aurait vengé, si j'étais mort pour lui comme il est mort pour moi. Son tombeau m'appartient ; c'est moi qu'ils ont étendu dans cette sombre allée ; c'est pour moi qu'ils avaient aiguisé leurs épées ; c'est moi qu'ils ont tué !... Adieu la gaieté de ma jeunesse, l'insouciante folie, la vie libre et joyeuse au pied du Vésuve !... Adieu les bruyants repas, les causeries du soir, les sérénades sous les balcons dorés... Adieu Naple et ses femmes, les mascarades à la lueur des torches, les longs soupers à l'ombre des forêts !... Adieu l'amour et l'amitié !... Ma place est vide sur la terre.

MARIANNE

En êtes-vous bien sûr, Octave ? Pourquoi dites-vous : adieu l'amour ?

OCTAVE

Je ne vous aime pas, Marianne c'était Célio qui vous aimait.